【平安富贵】

蒋雷 著

博习医院「金砖门诊楼」金砖铭文撷英

苏州大学出版社

图书在版编目(CIP)数据

平安富贵:博习医院"金砖门诊楼"金砖铭文撷英/
蒋雷著. —苏州:苏州大学出版社,2017.2
 ISBN 978-7-5672-2050-8

Ⅰ.①平… Ⅱ.①蒋… Ⅲ.① 医院－金文－研究－苏州 Ⅳ.① K877.34

中国版本图书馆CIP数据核字(2017)第 012889 号

书　　名：	平安富贵——博习医院"金砖门诊楼"金砖铭文撷英
著　　者：	蒋　雷
责任编辑：	方　圆
封底篆刻：	于　健
出版发行：	苏州大学出版社(Soochow University Press)
社　　址：	苏州市十梓街1号　邮编:215006
印　　刷：	苏州市立达印务有限公司
网　　址：	www.sudapress.com
邮购热线：	0512-67480030
销售热线：	0512-65225020
开　　本：	787 mm×1 092 mm　1/16　印张:11.5　字数:140 千
版　　次：	2017年2月第1版
印　　次：	2017年2月第1次印刷
书　　号：	ISBN 978-7-5672-2050-8
定　　价：	168.00元

凡购本社图书发现印装错误,请与本社联系调换。服务热线:0512-65225020

作者简历

蒋　雷：一九六一年生，南京人，现供职于苏州大学附属第一医院，广电技师，摄影爱好者，苏州书法家协会会员，苏州东吴印社理事，张寒月金石篆刻研究会理事，苏州吴门雅集会员，中国现代书画名家名作编委会特约创作委员，国际美术家联合会会员。2013年年底由苏州大学出版社出版个人篆刻作品集《刀尖上的博习春秋》。

联系电话：13862566557，QQ：394446257。

华人德　苏州市书法家协会名誉主席,苏州大学教授、博导

精诚所至 金石为开

王伟林 江苏省书法家协会副主席、苏州市书法家协会主席

序

　　江南多古窑,苏州尤盛。苏州城北的陆慕就是历史上有名的御窑所在地,明清以来,一直为皇宫烧制细料方砖,此种方砖颗粒细腻,质地密实,敲之作金石之声,称"金砖"。苏州是太湖流域的鱼米之乡,水土调和沉积,土质细糯膏腴,特别适合制作"金砖"。

　　苏州真是块沃土,古老的姑苏城不仅荟萃了东方文化的经典,而且开创了西方医学的先河。苏州十梓街天赐庄,是江苏省最早的西医院——博习医院(今苏州大学附属第一医院)诞生地。1883年,美籍医学传教士柏乐文和蓝华德创办的博习医院正式开业。博习医院将当时西方许多最新发明的技术,例如消毒法、麻醉术、X光机等引入中国。苏州博习医院是中国最早使用X光机的医院。

　　这两段足以让苏州引以为豪的历史轨迹本不会交叉,却机缘巧合地有了"纠葛"。1911年,辛亥革命推翻了清政府的封建统治,那些专为皇宫定制的御窑"金砖"也就失去了原本的用场。此时的博习医院,正办得风声水起,高超的医疗技术引得四方百姓纷至沓来,医院人满为患,亟须扩张。时任院长苏迈尔(美籍)遂筹款二十万银元,于1919年建造,1920年完成了100张床位的,在当时全国也是数一数二的现代化医疗建筑——博习医院。博习医院门诊、病房、手术室规模齐全,结构合理自不必说,最为值得称道的是中西合璧的门诊楼,二层筑有复檐,屋顶为歇山顶式,迎合了国人的审美要求。更神奇的是其所用的建筑材料——博习医院门诊楼的外墙全部用数万块大小不等的御窑"次品金砖"砌就,是苏州坊间一幢独一无二的"金砖楼"。《苏州博习医院五十周年纪念册》描述道:"本院门诊室悉用北平建筑皇宫之金砖造成,当时制造是砖之窑适在苏城之外,本院于废清时将其所余旧砖悉数购得。须知,此砖于民国前实无法可得之者也,明矣。"据悉,除北京明、清皇宫外,民间整幢"金砖楼"在国内实属罕见。

　　医务工作者常被人们称颂为散落人间的"天使",博习医院门诊大楼的"金砖",亦可谓遗失在民间的明珠。"金砖"砌就医院,明珠幸未暗投。御窑金砖制作工序达到二十九道之多,最少需要一年以上的时间才能烧制而成,其精益求"金"之匠人精神与现代医学严谨而又科学的态度不谋而合。窑工们点土成金,匠心独运;医务工作者救死扶伤,妙手仁心。传承了博习精神的苏州大学附属第一医院,不仅有着金砖砌成的外墙,更有着为人民生命健康保驾护航的金子般的爱心。

　　感谢我们医院后勤服务中心的职工蒋雷同志,是他不辞辛苦地探寻和记录,让快要淹没在历史长河的博习医院"金砖门诊楼"的金砖铭文汇总于《平安富贵——博习医院"金砖门诊楼"金砖铭文撷英》一书,永续光芒。其拳拳之心,堪比"金砖"。

　　是为序。

苏州大学附属第一医院院长:

2016年11月3日

前　言

数年以前,我刚开始了解金砖的时候,很快就感受到了这个领域里弥散的雾霾。比如,许多馆藏展呈或高价待货的金砖,边款铭文看起来一明二白,一目了然,但粗粗一想,马上疑问重重;细细一看,则顿显模糊,甚至乱象丛生。慢慢地,过眼过手的金砖越多,对金砖的接触和了解越多,感叹和无奈也就越多。终于,不得不接受这样的基本现状:要在金砖满地、四处遍布的古物收藏市场上寻到一块可信可靠的真正的老金砖,真可谓难而又难!

古玩界和收藏拍卖市场历来鱼龙混杂、真假莫辨,这一实情现状,对于真心期待面向未来、真意想要复原明清金砖制作古法和真诚希望传承古老文化和生命精神的当代传承者来说,无疑是一大挫折,乃至打击。

就在这时,有人向我引荐了蒋雷,说他拍了许多老金砖的铭文照片。刚开始,我因为对古金砖搜藏心存失望,所以并没在意,更没引起重视,以为又可能是拍了一些不明来历的金砖铭文的照片,而且,极有可能是老砖后加款的砖文照片。

然而,一见面,我就惊喜万分,因为蒋先生图片所源的金砖实物,并非市场上那些真真假假、以假乱真却信誓旦旦绝不做假的所谓老金砖,而是源于一座"金砖楼",即苏州天赐庄博习医院门诊楼文保建筑(博习医院旧址),而这幢"金砖门诊楼"的建成年份是1919—1920年。况且,"金砖门诊楼"大量墙体的修缮事宜,都有史料可依,有实据可凭,什么时候建,哪一年修,如何修,修了什么,都可以基本核实查明。也就是说,墙体中这些带款或不带款的金砖残片,是的的确确又实实在在的百年老砖,其可信可靠的程度,远非眼下市场上的高价金砖可比。

细看,更了解到,原来蒋先生对"金砖门诊楼"情有独钟。他花了很多精力,把当年砌入墙体中带有铭文的砖款无一遗漏地拍了照片,这不由得让人心生钦佩。因而,我和国家级非遗名录项目苏州御窑金砖制作技艺传承人金瑾一起合作编写《御窑金砖》一书,考虑选用金砖图片时,宁愿放弃大量貌似古旧却终存疑窦的金砖图,而毅然将蒋先生拍摄的博习医院"金砖门诊楼"金砖铭文图片插编进书中。

蒋先生要出版《平安富贵——博习医院"金砖门诊楼"金砖铭文撷英》一书,要我写前言,我欣然接受了。我对蒋先生说,只要如实地印出来,即便不对这些图片做任何文字的说明,也已经足以得到世人的肯定。蒋先生把博习医院的历史文化与苏州陆慕御窑金砖文化相融合,对金砖及其文化的传承做了一件大实事和大好事。这件事,对我们感受、领悟和弘扬金砖工艺中含藏的文化内涵和生命精神,具有重要意义。

周震麟
2016 年 11 月 18 日

目 录

博习医院"金砖门诊楼"金砖铭文与陆慕御窑历史文化发展之剖析 ········· 1

金砖铭文

一、吉祥语 ··· 11

二、明代年号 ·· 12

三、清代苏州府监造官、督造官 ·· 13
    同治 ·· 13
    光绪 ·· 15
    宣统 ·· 23

四、清代年号 ·· 30
    光绪 ·· 30
    宣统 ·· 44

五、窑户 ·· 54
    小甲 ·· 54
    大甲 ·· 87
    首甲 ·· 112

六、民国杂项 ·· 150

    附录一　博习医院旧址开启神秘的石碑 ································· 163
    附录二　博习医院"金砖门诊楼"惊现"耶稣教　福音堂　1884"石碑 ······ 165
    附录三　清朝乾隆、同治、光绪、宣统监督官员与窑户对照表 ······ 167
    附录四　博习医院"金砖门诊楼"监督官员资料 ························· 169
    附录五　陆慕镇窑址分布图 ·· 170
    附录六　博习医院"金砖门诊楼"金砖铭文收录《御窑金砖》一书 ······ 171
    附录七　博习"金砖门诊楼"的前世今生(王馨荣) ····················· 172

后　记 ··· 176

博习医院"金砖门诊楼"金砖铭文与陆慕御窑历史文化发展之剖析

蒋 雷

一. 博习医院的历史渊源

博习医院(Soochow Hospital)是美国南方监理会在中国苏州创办的一所西医医院。美国南方监理会自1848年开始向中国派遣传教士,传教区集中在上海、苏州、常州、湖州一带。1882年5月20日,该监理会派遣2位刚从美国医学院毕业的医疗传教士——柏乐文(William Hector Park)和蓝华德(Walter Russell Lambuth)从纽约出发,取道英国,于12月17日到达苏州。蓝华德与柏乐文到苏州后,即在苏州城东部的天赐庄买了7亩墓地,在原有诊所的基础上创办了博习医院。1883年4月8日,医院破土动工,11月8日,博习医院正式开业。建成中式平屋8幢,分别作为门诊室、内外科病房、手术室、戒烟室、宿舍、洗衣房及厨房。当时设病床30张。据

苏迈尔肖像图(石刻)

监理会刊物称,这是中国内地(不包括通商口岸)最早的一所正式西医医院。1884年,柏乐文回美国继续深造。1885年,蓝华德被监理会派往日本传教。1886年,柏乐文完成学业重返苏州,担任博习医院院长职务,直到1927年退休回美。柏乐文在苏州博习医院时,将许多西方最新发明的技术,例如消毒法、麻醉术、X光机等介绍到中国,苏州博习医院是中国最早使用X光机的医院(1897年的《点石斋画报》大可堂版第15册21页有记载)。1888年,柏乐文又创办了一个医学班培养学生。1901年3月监理会在苏州天赐庄创建东吴大学,该医学班于1904年归并东吴大学,作为筹建中的医学院的一部分。1909年,美国外科医生苏迈尔(J.A.SNELL)奉派来院任外科主任。同年,医院开始有护士工作。1917年,苏迈尔任院长。1919年,苏迈尔利用来自监理会、洛克菲勒基金及地方捐助筹得银元二十万,将旧式平屋全部拆除重建新房。1920年春,完工1幢3层半住院大楼和1幢2层门诊大楼,设计床位100张,是当时中国相当先进的一所西医医院,被美国外科专家评价为"如此医院全中国仅三四处而已"。这位苏迈尔院长是一位杰出的经营者和非凡的改革家。1936年3月2日,苏迈尔医生患肺炎,病故于博习医院。由美国教会调派常州武进医院的美国人赵乐门来苏接任院长。苏迈尔医生在博习医院工作了27年。我们今天见到的博习医院"金砖门诊楼"就是当清朝政府趋于灭亡阶段,建造者苏迈尔利用洋人教会特权及当时参股陆慕御窑的有利条件,搜罗了一批未派上用途的"次品金砖"建造的。(见附录一《博习医院旧址开启神秘的石碑》:博习医院旧址西南角"SOOCHOW HOSPITAL 1920,博习医院

博习中西合璧效果图(石刻)

中华民国 九年"石碑图片两张为证。)1941年年初,太平洋局势紧张,董事会推选名医肖伯萱任院长。1942年年底,肖医师因病辞去院长职务,由蒋育英继任。1941年12月8日,珍珠港事件爆发,医院被日本同仁会接收,但直至1943年1月21日,日本第百七十兵站才进驻医院,日本人中山正雄任院长。1945年8月,日本投降,抗日战争取得全面胜利。10月12日,同仁会撤出医院,医院由教会收复。11月1日,医院正式恢复门诊并收容住院病人,时由刘克望暂任院长。1946年6月,美籍医务人员再度来院工作,抗战前曾任院长的美国医生赵乐门复任院长。1948年,苏州解放在即,卫理公会华东、华中、江西的教区长在镇江集会,商讨应变措施,决定推中国人为院长。1949年1月,院董事会推举陈王善继、诸荣恩分别担任正、副院长,赵乐门退任外科主任。1949年4月27日,苏州解放,医院仍维持原状。1950年6月10日,最后一任美籍院长赵乐门离院回国。1950年年底,医院停止一切宗教活动,原传道人员改任行政工作。1951年11月9日,由苏南行政公署尹楚升、孙贻德、姜锡麟等人组成的接办工作组到院工作。不久苏南行政公署鲁琦来院在全院职工大会上宣布人民政府正式接办医院,正副院长分别仍由陈王善继、诸荣恩担任。1954年5月26日,江苏省人民政府"苏卫字(54)32071"批准博习医院交苏州市人民政府领导。1954年10月14日,市卫生局"(54)卫秘字2466号"批准博习医院改名为苏州市第一人民医院。1959年9月9日,苏州医学院"(59)办字第25号"决定将苏州医学院第一附属医院改为苏州医学院附属第一医院。20世纪70年代,医院西迁,旧址改办苏州卫生学校,一度办过卫生学校培养护士。1988年,又分出苏州医学院附属第二医院。2000年,随着苏州医学院与苏州大学合并,又改名为苏州大学附属第一医院。2007年博习医院旧址划入苏州大学。博习医院"金砖门诊楼"成为苏州大学附属第一医院的职工家属宿舍尽五十春秋。

二、何为金砖

所谓金砖,并非砖上涂有黄金,而是大型方砖的雅称。金砖是专为皇宫烧制的细料方砖,颗粒细腻,质地密实,敲之作金石声,称"金砖";又因砖运北京的"京仓",供皇室专用,故又称"京砖",后来演变成了"金砖";还有的认为明朝的时候,一块砖值一两黄金,所以叫"金砖"。中华民族的文化博大精深、源远流长,我们印人刻章治印,都要学习"秦砖汉瓦",即秦朝古玺文、汉朝瓦当文、汉时朱白印摹。

三、金砖原产地

金砖的生产地系苏州市相城区陆慕镇余窑村,始自明代。金砖又称为陆慕御窑金砖。明朝永乐初年,御窑就为南京和北京皇宫烧制优质御用金砖,受到永乐皇帝朱棣的称赞并赐名"御窑"。陆慕御窑一直是官府定点烧制皇家砖瓦的主要基地。御窑烧制金砖自1413年始,至今已有600多年的历史。"自明永乐中,始造砖于苏州,责其役于长洲窑户六十三家。砖长二尺二寸,径一尺七寸。其土必取城东北陆墓所产。"(《造砖图说》浙江巡抚采进本)御窑由于土质上乘,色泽"干黄作金银色","黏而不散,粉而不沙",被苏州府选为烧制金砖的场所。此后为明朝历代帝王烧制了大批优质砖瓦。明正德王鏊主修的《姑苏志》"窑作"中载:"出齐门陆墓(土质)坚细异他处,工部兴作多于此烧造。"

四、金砖的制作工艺

据记载,金砖生产工艺繁多,须经过选泥、练泥、制坯、装窑、烘干、焙烧、窨水、出窑八道工序。每个工序又有详细分工,一块金砖的烧制,前前后后需要近两年才能完成。在明朝,金砖生产须经过取土、制坯、烧制、出窑、打磨和浸泡六道工序。首选泥过程要经过掘、运、晒、椎、浆、磨、筛七道工序才算完成,耗时长达8个月之久;次烧制过程复杂之极:以糠草熏一个月,片柴烧一个月,棵柴烧一个月,松枝柴烧40天,经过这四种不同燃料的燃烧,在耗时130天之后,方可窨水出窑。所谓窨水,指的是一窑砖烧好后,必须往窑里浇水降温。再次打磨与泡油,出窑的半成品金砖,在水槽中边磨边冲,使其砖表面变得平滑、光亮如镜。再浸泡在桐油里,使金砖光泽鲜亮,延长使用寿命。此两工艺可能已失传。到了清末以后没有这么考究了,只用麦柴旺火烧十二个昼夜。不过需窑

博习医院门诊楼衙署复檐歇山顶式建筑(石刻)

工经常观察火候,及时扒去柴灰,添入麦草。关于烧制时日,还要看窑的大小、砖的大小厚薄。所谓明清时口各异的说法,不一定很准确。御窑金砖成品是否合格,不是窑户自己说了算,而是先由地方官员检验,要达到"断之无孔,敲之有声"。清乾隆四年(1739),江苏巡抚张渠在奏折中说:"钦工物料,必须颜色纯青,声音响亮,端正完全,毫无斑驳者方可起解。"这个标准,其实还只是初验,达到这一标准可以装船运输罢了。真正验收合格是要到了京城才算数的。所以窑户往往须随行,负责到底。

五、金砖基本规格

关于陆慕御窑金砖的规格,明清时期有不同尺寸(这里说到的尺是古代单位里的尺,相当于现代的32 cm)。清代的基本尺寸铭文中有记载,分为二尺二寸见方、二尺见方、一尺七寸见方等;明代的基本尺寸有二尺二寸见方、二尺见方、一尺七寸见方、一尺四寸见方等。按照现在的计算方式,如"嘉庆拾贰年(1807)成造细料贰尺贰寸金砖",其长度、宽度、厚度为70.5 cm、49 cm、10 cm,"同治六年(1867)二尺二寸金砖"其长度、宽度、厚度竟达74 cm、73.5 cm、10 cm。"宣统三年(1911)二尺二寸见方金砖"其长度、宽度、厚度为87 cm、82 cm、10.5 cm,可谓特大

金砖，与"乾隆二年的二尺二寸金砖"比较，长、宽分别增加了 5.5 cm 和 10 cm，"正德十四年(1519)夏季分成造贰尺方砖"，则写明尺寸，标明砖名为"方砖"，其长度、宽度、厚度扩大为 68 cm、68 cm、11.2 cm。"光绪十四年(1888)成造细料二尺见方金砖"其拍卖尺寸为 66.5 cm × 65.6 cm × 9.4 cm，没有标准尺寸规格。而笔者在博习医院"金砖门诊楼"的墙壁上实地测量光绪和宣统时期的金砖尺寸

《宝镜传奇》(石刻)——《点石斋画报》大可堂版第 15 册第 21 页

是：44 cm × 40 cm × 9.5 cm(黑砖)、44 cm × 39 cm × 9 cm(灰砖)、54 cm × 28 cm × 9 cm、44 cm × 28 cm × 9.5 cm、66 cm × 28 cm × 9.5 cm、25 cm × 27 cm × 9.5 cm、24 cm × 9 cm × 9 cm、74 cm × 16 cm × 10 cm，北墙无铭文(灰砖)，只因墙壁建造时，使用的是"次品金砖"，所以大小规格无法统一。

六、金砖历史铺设分布

北京故宫的太和殿、中和殿、保和殿以及十三陵之一的定陵内的地面均为御窑所产方砖铺墁，这些大方砖上尚有"明永乐"、"明正德"、"清乾隆"等年号和"苏州府督造"等印章字样。另外，南京的城墙上也有御窑金砖的痕迹。苏州十梓街 3 号的博习医院"金砖门诊楼"应属特殊时期的产物。

七、博习医院"金砖门诊楼"铭文分布：

苏州大学附属第一医院是历史文化悠久的百年老院，也是块风水宝地。拥有可园、信孚里、沈京似宅(西班牙楼)、圣约翰堂和博习医院旧址"金砖门诊楼"五大文化元素。这幢博习医院"金砖门诊楼"(博习医院旧址)，在苏州也是声誉名扬。笔者在 2012 年 7 月至 2014 年 1 月的时间里，对博习"金砖门诊楼"墙壁上的金砖铭文进行了全方位的拍摄，并收集整理了铭文的分布位置，主要分布在该楼的 1—2 层南北墙。铭文内容为明代"天启陆年"，清代"光绪××"、"宣统××"，官窑，个别特殊铭文。3 层东南西北墙，铭文内容为"中华民国念四年"、"苏州仁和窑李守祖造"、"加厚细料英呎念玖时见方四时厚紫砖"、"苏州齐门外陆墓镇南仁和官窑李守祖监制"……为何博习门诊楼墙壁上的铭文会有如此区别？该"金砖门诊楼"建于 1919 年，原外观呈清代衙门署式，屋顶和门庭顶部均为歇山顶式，一二层之间筑有复檐，均以琉璃瓦覆盖。1936 年春，2 层楼上的屋顶贮藏室突起大火，将原来的歇山顶烧毁。同年 6 月修建 3 层加平顶，顶上四周砌半镂空的女儿墙围护。墙壁上的金砖也随时期而改换。

八、博习医院"金砖门诊楼"铭文记录与分类

1.吉祥语

博习医院"金砖门诊楼"墙体上,有铭文记载的金砖有:"平安富贵"(汉篆,年代不明)(P11)位于正大门东侧门槛之下。分析:这可能是建造者用其砖来镇"宅",祈福众生健康平安。

2.年代年号

博习医院"金砖门诊楼"墙体上,铭文记载的金砖有:

(1)"天启陆年(1626)……"铭文记载(P12)。分析:有一种金砖,位于正大门边的南墙。此砖为半块,用于墙壁之上,全名大概是"天启陆年成造尺柒细料方砖"。明朝天启是皇帝明熹宗朱由校的年号,他是明朝的第十五个皇帝。

"翻砖泥坯"工序之十九插图(石刻)

(2)"光绪元年(1875)成造细料二尺见方金砖"、"光绪十年(1884)成造细料二尺见方金砖"、"光绪十一年(1885)成造细料二尺见方金砖"、"光绪十二年(1886)成造细料二尺见方金砖"、"光绪十三年(1887)成造细料一尺见方金砖"、"光绪十四年(1888)成造细料二尺见方金砖"、"光绪十五年(1889)成造细料二尺二寸见方金砖"、"光绪十七年(1891)成造细料二尺见方金砖"、"光绪十八年(1892)成造细料二尺二寸见方金砖"、"光绪三十年(1904)成造细料二尺见方金砖"(P30—P43)。分析:光绪元年至光绪三十年有十一种金砖。清德宗光绪皇帝爱新觉罗·载湉,清朝第十一位皇帝,他在位34年,光绪元年至三十四年(1875—1908)。

(3)"宣统元年(1909)成造细料一尺七寸见方金砖"、"宣统元年(1909)成造细料二尺见方金砖"、"宣统二年(1910)成造细料一尺七寸见方金砖"、"宣统二年(1910)成造细料二尺见方金砖"、"宣统三年(1911)成造细料一尺七寸见方金砖"、"宣统三年(1911)成造细料二尺二寸见方金砖"(P44—P53)。分析:宣统元年至宣统三年有七种金砖。清逊帝、清恭宗宣统皇帝,又称末代皇帝,爱新觉罗·溥仪,光绪帝的亲侄子,在位3年,其年号宣统(1908年12月2日—1912年2月12日)。

(4)"隆兴官窑,帮办首甲,徐兰芬,徐守之造"(P128、P129)。分析:有两种金砖。隆兴有两种说法:①宋孝宗赵昚年号(1163—1164)是南宋皇帝宋孝宗的第一个年号,共计两年;②陆慕当地确实有"隆兴"名号的砖窑(苏州御窑金砖博物馆沈泉男馆长提供)。

(5)中华民国(1912—1949),共37年。墙体上有"中华民国念四年成造"(P153、P154)。分析:两种金砖,是民国二十四年(1936)造的金砖。

(6)墙体上有"己未八月,己卯朔"(P157)。分析:有一种金砖。由10干和12地支组成60年,每60年为一个循环,己未年为:1859年、1919年、1979年、2039年、2099年类推,未年的下一年依次为庚申年、辛酉年、壬戌年等。按金砖楼的建造时间推算,此"己未八月,己卯朔"应为民国八年时期的农历1919年八月初一,公历1919年十月。此金砖有记载年代

和时间的意义。

3. 官职官位

博习医院"金砖门诊楼"墙体上，铭文记载的金砖有：

（1）同治时期的"督造官苏州府知府李铭皖／监造官苏州府照磨余临兆"（P13—P14）。

（2）光绪时期的"督造官调署江南苏州府知府谭钧培"、"督造官江南苏州府知事贾延晖"（P15—P16）；"监造官署苏州府照磨陈涟"

"硬柴烧制"工序之二十五插图（石刻）

（P17）、"督造官江南苏州府知府许祐身（P18）、"督造官江南苏州府知府魁元"（P19、P20）、"监造官苏州府照磨杨锡麈"、"监造官署苏州府照磨杨锡麈"（P21、P22）；

（3）宣统时期的"督造官江南苏州府知府何刚德"（P23、P24）、"监造官江南苏州府知事戴尔恒、照磨姚定信"、"监造官江南苏州府前知事戴尔恒、照磨厅姚定信"（P25—P29）；

（4）有待考证的官吏铭文："帮办首甲，王祖荫造"（P122）、"帮办首甲，王季良进呈"（P126）"帮办金砖，王祖寿进呈"（P124）、"承办金砖首甲，王保泰造"（P136）、"承办金砖，王继舫进呈"（P134）、"承办贡砖，王保泰造"（P137）。分析：关于官吏的知识，笔者查证过，知府：地方行政长官，相当于省辖市市长，即"太守"，又称"知州"，从五品。知事：可能为知府的助理人员。照磨：即"照刷磨勘"的简称，是中国古代的一种官职。元朝建立后，在中书省下设立照磨一员，正八品，掌管磨勘和审计工作。另肃政廉访司中负责监察的官员，也称照磨，"纠弹百官非违，刷磨诸司文案"（《元典章》）。在此之外，元朝政府在其他机关，上自六部、宣政院、宣徽院等，下至地方行中书省、诸路总管府等均设有照磨一官，负责对本部门的收支进行审计。明朝在各地继续强化照磨制度，在各省布政使司中，均设照磨1人，从八品；按察使司中，设照磨1人，正九品；各府亦设照磨1人，从九品。清朝沿用明制，继续设立照磨官，品级亦从之。前知事：可能为前任"知府"的助理人员。照磨厅：即照磨所工作的办公室及办公场馆。帮办：①旧指帮助主管人员办理公务。②指主管人员的助手，或即用为职称。《清史稿·兵志一》："增布伦托海办事大臣，督率喇嘛，建署治事，并设帮办一人。"郑观应《盛世危言·电报》："各局总办、帮办，宜由报生司事推择荐升。"承办：承担办理（商务等），承担举办（会议、活动等），承办是公文中的一个术语，接受办理。古时协助知府官员办事之人。监造官和督造官：即专门由衙门里派遣监督促办金砖工程质量的官员，品位无法考证。金砖是钦定专用物品，明朝永乐年间，成祖朱棣迁都北京，大规模兴建紫京城，需用大量金砖，永乐皇帝还差遣官员到苏州府监督。旧时窑户烧制金砖劳累不堪，苦不胜言，往往贻误农事，以应差役，若一窑金砖报废，就会大祸临头，乃至倾家荡产，家破人亡。为确保金砖的质量，明朝制定了特别严格的规则。每块金砖上必须刻有烧造年号、材料质量、规格尺寸、监造官、督造官、管造官员的姓名、烧造窑户的姓名，以备检验金砖的质量，追查责任事故。清朝也延续了此规则。如：博习医院"金砖门诊楼"一方不完整的金砖（P46、P23、P25、P128）上的铭文，就具备上述要求，有"宣统元年（1909）成造细料二尺二寸见方金砖"、"督造官江南苏州府知府何刚德"、"监造官江南苏州府知事戴尔恒、照磨姚定信"、"隆兴官窑帮办首甲,徐兰芬、徐守之造",符合苏州陆慕御窑金砖历史记录。

4. 地域地名

博习医院"金砖门诊楼"墙体上,铭文记载的金砖有:

(1)"监造官苏州府照磨杨锡塵"(P22)、"督造官江南苏州府知府魁元"(P19)、"监造官署苏州府照磨陈涟"(P17)。分析:标明了金砖出自苏州府、江南苏州府。

(2)"隆兴官窑,帮办首甲,徐兰芬、徐守之造"(P128)。分析:标明了金砖出自隆兴(苏州御窑金砖博物馆沈泉男馆长提供)。

(3)"吴兴沈泽……"(篆书)(P162)。分析:吴兴是今浙江湖州的古称。沈泽:肯定的说法是沈氏家族成员,无法考证,只能测算沈姓氏族。湖州城东南方向,菱湖西北两公里处,有一处村落名竹墩。竹墩是明清时吴兴望族沈氏的发源地,"天下沈氏出吴兴,吴兴沈氏出竹墩"。吴兴沈氏以"吴兴"为其堂号。东汉时有沈戒举家徒步居会稽乌程吴兴(今浙江吴兴县),此为沈姓南迁之始。唐代沈姓已散居今江苏、浙江、江西、湖北、湖南、四川等地。吴兴沈氏累世官宦,发展成为名门巨族。自东汉至隋代,沈姓名人基本上都出自吴兴武康(今浙江德清县武康镇)。南朝文学家沈约,宋朝科学家沈括,清朝文学家沈德潜,以及现代文学家沈雁冰(即茅盾)都出自吴兴沈氏。

(4)"姑苏,齐门外陆慕镇,中桥下塘北首"(P147)、"苏州,齐门外,陆慕镇南,仁和官窑李守祖监制"(P144)、"苏州仁和窑李守祖造"(P139)、"仁和官窑"(P141)。分析:前两砖上地铭文,更加明确地标明了苏州"御窑"的方位。陆慕镇附近确实有中桥,还有南桥、宋泾桥、陆慕桥、钓桥和北桥,《齐门陆慕镇浚河筑坝修桥碑记》:"南桥、中桥桩木尽朽,势将倾圮。"桥重建于光绪二十八年(1902),历百年风雨。如今在南桥南面桥柱上刻有"光绪壬寅孟春涓吉","藩宪拨款同人集资"。北面桥柱上刻有"重建中桥南桥两座","开凌全镇官河支河"。"仁和窑"就在陆慕镇宋泾桥东块,由李守祖而命名(苏州御窑金砖博物馆沈泉男馆长提供)。"仁和官窑"存在不确定性,无法考证。

5. 窑工户籍和等级划分

博习医院"金砖门诊楼"墙体上,铭文记载的金砖有:"小一甲,周三观造"、"小二甲,何瑞祯造"、"小三甲,史佩玉造。德"、"小四甲,李胜高造"、"小五甲,吴秋涛、吴锦祥造。和"、"小六甲,张大林、钱锦和造。通"、"大一甲,陈荣泉造"、"大二甲,曹仁骏造"、"大三甲,李栢生造"、"大四甲,袁文彬、袁亥泉造,文记"、"大五甲,金洪洲造"、"大六甲,李栢生造"、"首甲,徐厚堂造"、"大窑首甲,王保泰造"、"帮办首甲,王祖荫造"、"承办金砖首甲,王保泰造"、"承办金砖,王继舫进呈"、"帮办金砖,王祖寿进呈"、"承办贡砖,王保泰造"(P54—P149)。分析:有小甲6层36人,大甲6层17人,首甲、大窑首甲、帮办首甲、承办金砖首甲、承办金砖、帮办金砖、承办贡砖等24人,合计不同等级的窑工共77人次。首甲:① 头盔。② 殿试第一等。③ 泛指第一。参照明朝"甲首"职役称谓,乡村为里,有里长;里之下是甲,有甲首;农村以下有总甲、甲首、大甲、小甲、造砖人夫、窑匠等。用现代语讲,就是干窑工也要有领头的组长,没有这些带"甲"的称谓,还不能从事开窑烧砖的工作。

6. 民窑和官窑

博习医院"金砖门诊楼"墙体上,有铭文记载的金砖有:"徐子卿窑"(P146)、"王通和窑造"(P142—P143)、"仁和官窑"(P141)、"苏州仁和窑李守祖造"(P139)、"苏州,齐门外,陆慕镇南,仁和官窑李守祖监制"(P144)、"徐隆兴有记窑"(P127)、"隆兴官窑,帮办首甲,徐兰芬,徐守之造"(P128)。分析:据陆慕金砖资料记载,陆慕下塘中桥南北一带的街道均称为"金窑街"。小地名有"窑弯里"、"南窑上"和村名"南窑村"。烧窑的地域有御窑村、南窑村、徐庄村、吕池村、众泾村和井亭村。民国十九年(1930),吴县登记注册砖瓦和石灰窑业同业工会会员有 39 家,其中陆慕有王广盛、曹万通、王同和、钱春记、杜文民、蒋瑞记、杨德记、李世记、王盛介记、袁合兴、金德泰和瑞泰 12 家。众泾有杨裕记等 17 家。对号入座好像只有"王通和窑造"(P143)。同"王同和",不知是否文字记录之差。"仁和官窑"的命名和出处有待考证!虽然有明确属苏州地区齐门外的陆慕镇南,但从"仁和"字面上去查找,陆慕镇附近好像没有"仁和"这个地名,只能确定为李守祖私人的窑名。"仁和窑"就在陆慕镇宋泾桥南塸。"徐隆兴有记窑"(P127)。考证:①徐氏家谱,江苏毗陵二十四卷,由(清咸丰八年 1858)徐隆兴、徐志瀛等九修。②浙江鄞县茅山徐氏辈分中有隆字辈,年代为清朝。"隆兴官窑,帮办首甲,徐兰芬,徐守之造"(P128),也许同前名出徐氏家族,以上"隆兴"命名之窑,也均属于私窑存在于陆慕当地。总之"徐子卿窑"、"王通和窑造"、"苏州仁和窑李守祖造"、"徐隆兴有记窑"均属老字号私窑,"仁和官窑"无记录(见附录五 陆慕镇窑址分布图)。

7. 特殊铭文

博习医院"金砖门诊楼"墙体上,有铭文记载的金砖有"专造细泥各省琴砖"(P150)、"德记"(P149)、"大圆"(P161)、"加厚细料英呎念玖时见方四时厚紫砖"(P159)、"□股"(P155)、"艮?"(P161)、"已未八月,已卯朔"(P157)、"吴兴沈泽……"(篆书)(P162)、"寒"(P161)、"沈氏墓砉(wei 位)"(P158)、"士发"(P149)、"姑苏,齐门外陆墓镇,中桥下塘北首"(P148)、"良?艮?"(P161)、"大窑首甲,王元樑造。八角"通"形白文印"(P121)、"大三甲,曹培基造,培 2 方"(P96)、"大四甲,袁文彬,袁亥泉造。文记"(P104)、"小五甲,马春芳,张万象造,双和"(P65)"小六甲,张大林,钱锦和造。通"(P75)、"大窑首甲,王元樑造。泰"(P121)、"中华民国念四年成造"(P154)、"姑苏,徐□□"(P149)等。分析:(1)"专造细泥各省琴砖"(P150),同"琴桌"之意,下部实为一种木架,上托的汉墓空心泥砖,名为琴砖,可再置琴其上,据说奏琴时会发生共鸣,是一种陈设,以示清雅。"□股"无法考证。(2)可能与陆慕民窑会员的姓氏名称有关,如"德记"、"通"、双"培"、双"和"、"泰"、"文记",陆慕有王广盛、曹万通、王同和、钱春记、杜文民、蒋瑞记、杨德记、李世记、王盛介记、袁合兴、金德泰和瑞泰 12 家。怎么对号,笔者无从下手,因为上述民窑会员名录也不全。(3)"大圆"、"加厚细料英呎念玖时见方四时厚紫砖"(P159)。初步认为是民国时期,与"苏州,齐门外,陆墓镇南,仁和官窑李守祖监制"(P144)铭文在同一块金砖上,而且是在博习医院"金砖门诊楼"的三层西墙壁上,金砖规格尺寸为:长 52cm×宽 16cm×厚 10cm,比一、二层清砖宽度小而厚 0.5~1cm。印文规格尺寸为:19cm×5cm。呎、时:同英尺的英文单词意义一样,foot 简称 ft,古英国没有国际公认的度量单位,呎 chǐ,英美制长度单位,1 英尺(呎)= 12 英寸(时)= 30.48 厘米,1 英寸(时)= 0.0254 米,1 米 = 39.370078740157 英寸(时)。中国也曾使用过,1997年在《关于部分计量单位名称统一用字的通知》中加以废除。(4)"艮?"、"良?艮"(P161),艮:表示人物石匠;季节立冬(冬末初春,阴历正月前后);时间上午一时到五时,共四小时,每月二十三日;方位东北(后天八卦)西北(先天八卦);或正象艮卦为山,事物发展到顶点;卦德为静止,"艮其止,止其所也"。(5)"己未八月,己卯朔"(P157),同年号中的农历1919年八月初一,民国八年;"吴兴沈泽……"(篆书),同地名浙江湖州的古称及沈氏泽名;"寒"、"士发"无法考证,由金砖铭文上的笔意来看应是民国时期,可能是窑工人名。(6)"姑苏,齐门外陆墓镇,中桥下塘北首"(P148)属金砖产地的地理位置。(7)"沈氏墓害(wei位)"(P158),"害"是西周时车上的重要部件,意"辖",位于两个轮子的外侧销子。从铭文的全称上看又像一块沈氏家族的墓地之砖。是否出产于陆慕御窑无法考证。(8)"姑苏,徐□□"(P149)与"徐隆兴有记窑"(P127),徐氏家族及苏州地区的徐氏家族相关联。

8. 窑工的多重身份不同铭文

博习医院"金砖门诊楼"墙体上,有铭文记载的金砖有:

(1)"大三甲,王保泰造"(P93)、"大窑首甲,王保泰造"(P118)、"承办金砖首甲,王保泰造"(P136)、"承办金砖,王保泰进造"(P135)、"承办贡砖,王保泰造"(P137)。分析:此人的身份系清宣统时期的窑户。

(2)"大三甲,李栢生造"(P98)、"大三甲,李柏生造"(P97)。分析:据苏州御窑金砖博物馆展示资料显示,李柏生系清朝乾隆时期的窑户,但博习医院"金砖门诊楼"墙体上,并没有乾隆时期的金砖年代铭文,还有待考证。"栢"与"柏"音同字不同。"栢"(bǎi):通假字,此二名应属同一人。

(3)"苏州仁和窑李守祖造"(P139)、"苏州,齐门外,陆墓镇南,仁和官窑李守祖监制"(P145)。分析:根据《天叙堂芳庄李氏族谱》记载:李守祖为第十二世,曲阜县丞(八品),天启年例仕(买官)。与苏州仁和官窑的李守祖是否同属一人,需考证。据苏州御窑金砖博物馆展示资料显示,李守祖系清宣统时期的窑户(见附录三 清朝乾隆、同治、光绪、宣统监督官员与窑户对照表)。

9. 铭文的特殊字体及发音区别

博习医院"金砖门诊楼"墙体上,有铭文记载的金砖有:

(1)"大窑首甲,王元樑造。泰"(P121)、"大窑首甲,王元樑造"(P118)、"大窑首甲,王元樑造。八角'通'形白文印"(P119)分析:樑(liáng):架在墙上或柱子上支撑房顶的横木;中国战国时期国名,魏国于公元前361年迁都大梁(今河南省开封市)后,改称"梁";中国朝代名(①南朝之一;②五代之一)。

(2)"大三甲,李栢生造"(P98)、"大三甲,李柏生造"(P97)。分析:"栢"与"柏"音同字不同。"栢"(bǎi):通假字,同柏,形声,从木,白声。本义:木名,柏树,也称"椈"。现在已很少使用。

(3)"加厚细料英呎念玖时见方四时厚紫砖"(P159)。分析:此块金砖铭文说明了金砖的质量规格的定义。

(4)"加厚细料英呎念玖时见方四时厚紫砖"(P159)、"中华民国念四年成造"(P153)。

分析：以上两个"念"应属用意，属吴语方言类，"廿"的大写，同"廿"。另外"加厚细料英呎念玖时见方四时厚紫砖"中的缺字无查处，可能是通"京"砖之意。

10. 金砖的尺寸、总量及铭文种类

博习医院"金砖门诊楼"建于1919年，已有97年的历史岁月，墙体上的金砖约有437平方米。此数据由文旅集团蒯祥古建改造办提供。若按照笔者在博习医院"金砖门诊楼"的墙壁上实地测绘光绪和宣统时期的金砖尺寸为：长×宽×厚：44cm×40cm×9.5cm(黑砖)、44cm×39cm×9cm(灰砖)、54cm×28cm×9cm、44cm×28cm×9.5cm、66cm×28cm×9.5cm、25cm×27cm×9.5cm、24cm×9cm×9cm、74cm×16cm×10cm。北墙无铭文(灰砖)，只因墙壁建造时使用的是"次品碎料金砖"，所以大小规格无法统一。均按40cm×10cm预算，博习医院"金砖门诊楼"的墙壁上的金砖总数量是一万多块，加上2012年中旬至2016年11月的收集和整理，分为：吉祥语1种，明代年号(天启1种)，清代监、督官(同治、光绪、宣统)11人，清代年号(光绪11种、宣统6种)，窑户(小甲、大甲、首甲)77人，民国杂项(13种)。三个朝代，11个系列，共162种具有代表性的金砖铭文，199幅不同图片资料。

九. 结束语

笔者在收集和整理这些金砖铭文图片过程中，对金砖上部分铭文的内容不甚理解，为了学习，专程去拜访过苏州御窑金砖有限公司、金砖明清历史文化研究室的周震麟(苏舟子)老师和苏州御窑金砖博物馆沈泉男馆长，受益不浅。博习医院"金砖门诊楼"上的金砖铭文历史文化底蕴极其丰富，很多铭文他们都未见过，以上收集的金砖铭文图片，对陆慕御窑金砖文化的研究有新的促进和补充作用。2016年5月，笔者拍摄的金砖铭文部分图片，被收录"2016年中国最美的书"《御窑金砖》。博习医院"金砖门诊楼"是苏州大学附属第一医院的前身，其金砖历史文化享誉姑苏城，"金砖文化，博习瑰宝"，博习医院"金砖门诊楼"是苏州大学附属第一医院的文化遗产和历史名片，此"金砖楼"在全国民间建筑中独树一帜，曾经引起国内众多广电新闻媒体的重点关注。苏州市政府也下文制定苏州古城天赐庄历史文化片区的保护与整治规划，将博习医院"金砖门诊楼"列入天赐庄保护与整治范围，由苏州市文化旅游集团蒯祥古建公司对博习医院"金砖门诊楼"进行重点全面的内外修缮和保护，现有HUB1884+众创空间在启用，它的未来发展空间将以时间来证明。希望它能够早日回归苏州大学附属第一医院的怀抱，作为院史博物馆才物有所值！

(二〇一四年六月初稿，二〇一六年十二月修改)

金砖铭文

一、吉祥语

P1220754——平安富贵(汉篆)

二、明代年号

P1190458——天启陆年 成造尺七细料方砖。天启为明朝皇帝明熹宗朱由校的年号,天启六年即公元1626年

三、清代苏州府监造官、督造官

同 治

李铭皖：字薇生,河南夏邑人。其父李奕畴为乾隆四十五年(1780)庚子恩科进士,官至漕运总督。李铭皖为道光二十年(1840)庚子恩科进士,恰逢其父中进士六十年,父子同列恩荣宴,时人以为盛事。历任刑部主事、员外郎、郎中,咸丰十年(1860)补授江苏松江府知府。同治五年(1866)任苏州府知府,负责太平军战后一切善后事宜,如修辑学校、城垣,建立书院、公署、仓库等,并延请冯桂芬总纂《苏州府志》。后升任湖北安襄郧荆兵备道。

光绪元年成造细料二尺二寸见方金砖/督造官苏州府知府李铭皖/监造官苏州府照磨余临兆/小六甲胡立汪造

P1220668——督造官苏州府知府李铭皖

余临兆：同治十二年（1873）任苏州府照磨，光绪六年（1880）因遇事需索被革职。

光绪元年成造细料二尺二寸见方金砖/督造官苏州府知府李铭皖/监造官苏州府照磨余临兆/小六甲胡立汪造

P1220668——监造官苏州府照磨余临兆

光 绪

谭钧培：字序初，贵州镇远人。同治元年（1862）进士，授翰林院编修。光绪三年（1877），由常州知府调补苏州府知府，严禁私铸铜钱，严肃治安法纪，缉拿太湖劫匪。光绪四年（1878），代理徐州道。后升至江苏布政使、护理江苏巡抚、云贵总督。

光绪三年成造细料二尺见方金砖/督造官调署江南苏州府事常州府知府谭钧培/监造官江南苏州府知事贾延晖/首甲徐子卿造

P1220685——督造官调署江南苏州府知府谭钧培

P1220685——光绪三年成造细料二尺金砖/督造官调署江南苏州府知府谭钧培/监造官江南苏州府知事贾延晖/大五甲陈吟香造

贾延晖：四川成都人，监生。同治十二(1873)年任苏州府知事，光绪十年(1884)任杭州府知事，光绪二十三(1879)年任仁和县县丞。

光绪三年成造细料二尺见方金砖/督造官调署江南苏州府事常州府知府谭钧培/监造官江南苏州府知事贾延晖/首甲徐子卿造

P1220685——监造官江南苏州府知事贾延晖

陈涟：字漪园，浙江仁和人，试用从九品。光绪十一年（1885）署理苏州府照磨，奉委监造金砖，督同烧造核计现办二尺正金砖一千块，需用料工等银五百九十八两零，一尺七寸正金砖二千五百块，需用料工等银一千二百六两零。光绪十二年（1886）署理昆山县石浦司巡检，光绪十四年（1888）署理吴江县汾湖司巡检，光绪十六年（1890）署理武进县小河司巡检。

光绪十一年成造细料一尺七寸见方金砖/督造官江南苏州府知府魁元/监造官署苏州府照磨陈涟/大六甲金湘洲造

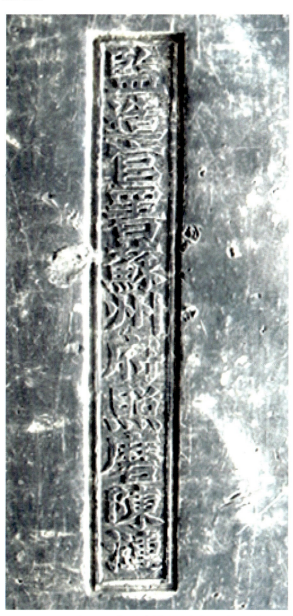

P1190453——监造官署苏州府照磨陈涟

许祐身：字子原，浙江仁和县人。同治十二年(1873)顺天乡试举人。历任工部屯田司主事、都水司员外郎、山东道监察御史、江苏扬州府知府，光绪二十九年(1903)任苏州府知府。

光绪三十年成造细料二尺见方金砖/督造官江南苏州府知府许祐身/监造官苏州府知事戴尔恒照磨姚定信

P1220569——督造官江南苏州府知府许祐身

清代苏州府监造官、督造官（光绪）

魁元： 字文农，满洲正红旗人，监生。历任实录馆翻译官、刑部笔帖式、刑部主事、刑部员外郎、刑部郎中、军机章京、江苏江宁府知府。光绪十年（1884）任苏州府知府。

光绪十一年成造细料二尺见方金砖／督造官江南苏州府知府魁元

P1190911——督造官江南苏州府知府魁元

清代苏州府监造官、督造官

光绪

P1190910——督造官江南苏州府知府魁元

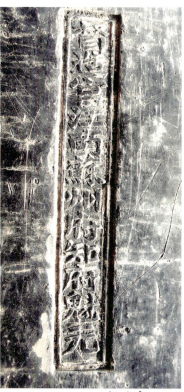
P1190452——督造官江南苏州府知府魁元

P1210616——督造官江南苏州府知府魁元

P1200522——督造官江南苏州府知府魁元

P1190917——督造官江南苏州府知府魁元

杨锡麈： 浙江乌程县人，监生。光绪十二年(1886)任苏州府照磨。光绪十七年(1891)查照旧章督同烧造核计现办二尺正金砖六千块，需用料工等银三千四百八十四两零。

光绪十七年成造细料二尺见方金砖/督造官江南苏州府知府魁元/监造官苏州府照磨杨锡麈/首甲徐上达

P1190952——监造官苏州府照磨杨锡麈

清代苏州府监造官、督造官

光绪

P1190441——监造官署苏州府照磨杨锡麈

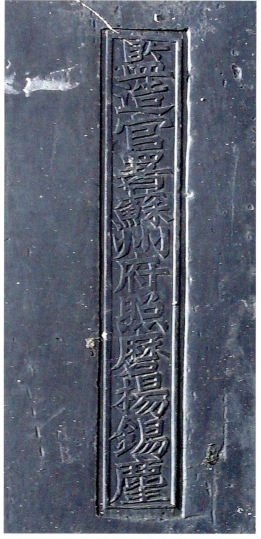

P1200524——监造官署苏州府照磨杨锡麈

宣　统

何刚德：字肖雅，福建闽县人，光绪三年(1877)进士。历任吏部文选司主事、考功司员外郎、验封司郎中，江西建昌府知府。光绪三十二年(1906)任苏州府知府。

宣统三年成造细料一尺七寸见方金砖/督造官江南苏州府知府何刚德/监造官苏州府前知事戴尔恒照磨厅姚定信/首甲徐上达造

P1220768——督造官江南苏州府知府何刚德

P1190596——督造官江南苏州府知府何刚德

P1190636——督造官江南苏州府知府何刚德

P1210604——督造官江南苏州府知府何刚德

姚定信：江西南昌府人，监生。光绪二十三年(1897)任苏州府照磨，宣统二年(1910)任南汇县县丞。

宣统三年成造细料一尺七寸见方金砖/督造官江南苏州府知府何刚德/监造官苏州府前知事戴尔恒、照磨厅姚定信/首甲徐上达造

P1190947——监造官苏州府知事戴尔恒、照磨姚定信

清代苏州府监造官、督造官

宣统

P1190950——监造官江南苏州府知事戴尔恒、照磨姚定信

清代苏州府监造官、督造官（宣统）

戴尔恒：字子谦。浙江钱塘人，戴熙之子。附贡生。光绪十二年（1886）任苏州府知事。光绪二十年（1894）以苏州府知事调署靖江县县丞。光绪二十一年（1895）以苏州府知事调署吴江县县丞。宣统二年（1910）任常熟县县丞。

宣统三年成造细料一尺七寸见方金砖/督造官江南苏州府知府何刚德/监造官苏州府前知事戴尔恒照磨厅姚定信/首甲徐上达造

P1190612——监造官江南苏州府前知事戴尔恒、照磨厅姚定信

清代苏州府监造官、督造官

P1210461——监造官江南苏州府前知事戴尔恒、照磨厅姚定信

清代苏州府监造官、督造官（宣统）

P1210462——监造官江南苏州府前知事戴尔恒、照磨厅姚定信

以上资料由政协苏州市委员会文史委员会秘书处处长夏冰和苏州日报社施晓平审核提供。

四、清代年号

光 绪

P1220668——光绪元年(1875)成造二尺见方金砖

P1220668——光绪元年(1875)成造二尺见方金砖 督造官苏州府知府李铭皖/监造官苏州府照磨余临兆

P1190593——光绪十年(1884)成造细料二尺见方金砖

P1190451——光绪十一年(1885)成造细料二尺见方金砖

P1200523——光绪十二年(1886)成造细料二尺见方金砖

清代年号

光绪

平度富华 —— 博习医院「金砖门诊楼」金砖铭文撷英

P1190440——光绪十二年(1886)成造细料二尺见方金砖

P1210539——光绪十三年(1887)成造细料二尺见方金砖

清代年号

光绪

平庑富世 ——博习医院『金砖门诊楼』金砖铭文撷英

P1190443——光绪十三年(1887)成造细料二尺二寸见方金砖

P1210614——光绪十四年(1888)成造细料二尺见方金砖

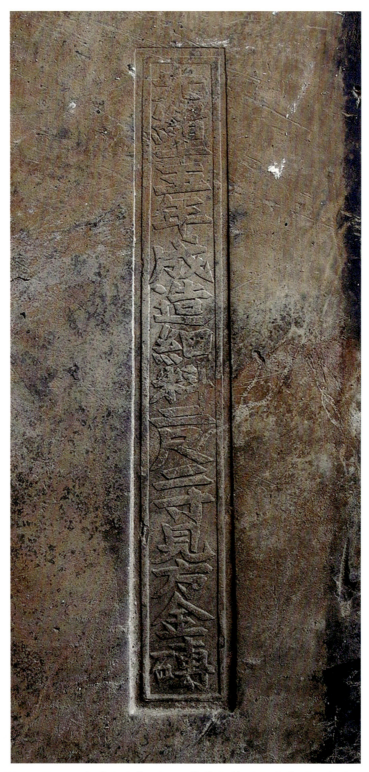

P1190958——光绪十五年(1889)成造细料二尺二寸见方金砖

清代年号（光绪）

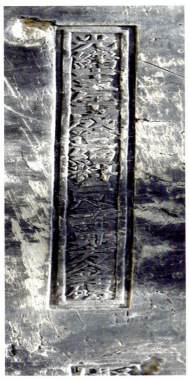

P1190594——光绪十五年（1889）成造细料二尺二寸见方金砖

P1220767——光绪十五年（1889）成造细料二尺二寸见方金砖

P1210616——光绪十五年（1889）成造细料二尺二寸见方金砖

P1190912——光绪十五年（1889）成造细料二尺二寸见方金砖

P1210615——光绪十五年（1889）成造细料二尺二寸见方金砖

P1190927——光绪十五年（1889）成造细料二尺二寸见方金砖

清代年号

光绪

鸾凤富丽——博习医院「金砖门诊楼」金砖铭文撷英

P1210550——光绪十七年(1891)成造细料二尺见方金砖(灰砖)

清代年号（光绪）

P1220570——光绪十八年(1892)成造细料二尺二寸见方金砖

清代年号

光绪

零缣寸楮——博习医院"金砖门诊楼"金砖铭文撷英

P1190620——光绪十八年(1892)成造细料

P1210621——光绪十八年(1892)成造细料二尺二寸见方金砖

P1210541——光绪三十年(1904)成造细料二尺见方金砖

宣　统

P1190604——宣统元年(1909)成造细料一尺七寸见方金砖

P1190610——宣统元年(1909)成造细料二尺见方金砖

P1220598——宣统元年(1909)成造细料二尺二寸见方金砖

P1200500——宣统元年(1909)成造细料二尺二寸见方金砖

清代年号

宣统

平度富里——博习医院「金砖门诊楼」金砖铭文撷英

P1190637——宣统二年(1910)成造细料一尺七寸见方金砖

清代年号（宣统）

P1190592——宣统二年（1910）
成造细料二尺见方金砖

P1220768——宣统二年（1910）
成造细料二尺见方金砖

P1190970——宣统三年(1911)成造细料一尺七寸见方金砖

清代年号(宣统)

P1190972——宣统三年(1911)成造细料一尺七寸见方金砖

P1210466——宣统三年(1911)成造细料一尺七寸见方金砖

清代年号

宣统

牽虎富豐——博习医院『金砖门诊楼』金砖铭文撷英

P1210604——宣统三年(1911)成造细料二尺二寸见方金砖

P1190887——宣统三年(1911)成造细料二尺二寸见方金砖

五、窑　户

小　甲

P1190951——小一甲，周三观造

P1200519——小二甲，何瑞祯造

P1210547——小二甲，何瑞祯造

P1220488——小二甲，王春梅造

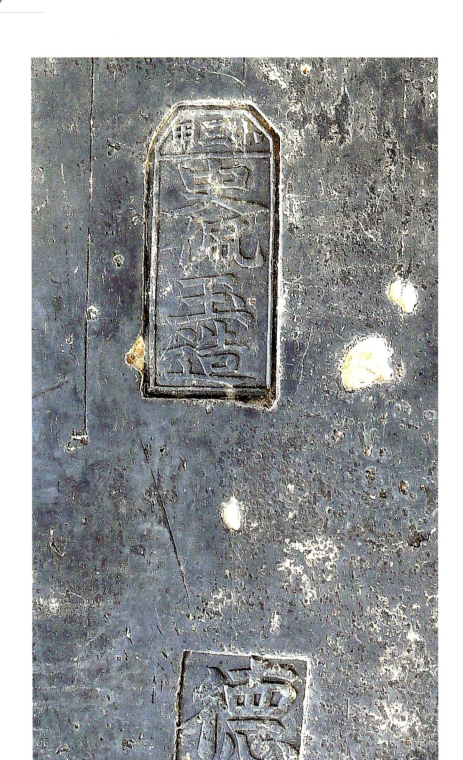

P1190632——小三甲，史佩玉造。德

窑户（小甲）

P1200498——小四甲，李胜高造

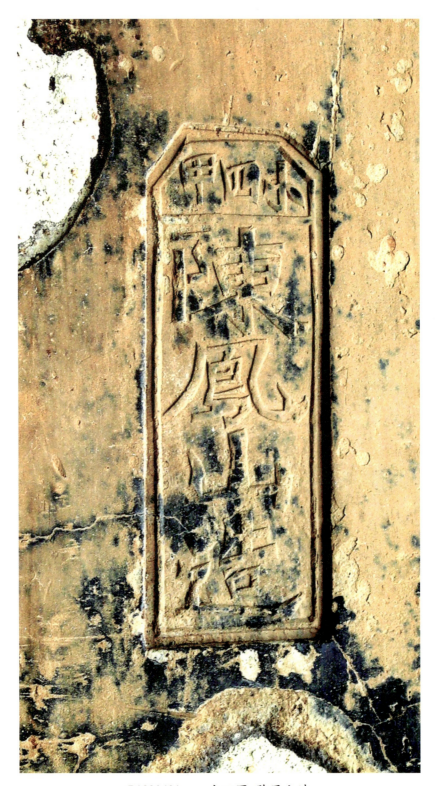

P1220491——小四甲,陈凤山造

P1220514——小四甲，赵寿堂造

窑户 小甲

P1190450——小五甲，吴秋涛，吴锦祥造。和

P1220554——小五甲，吴秋涛，吴锦祥造。和

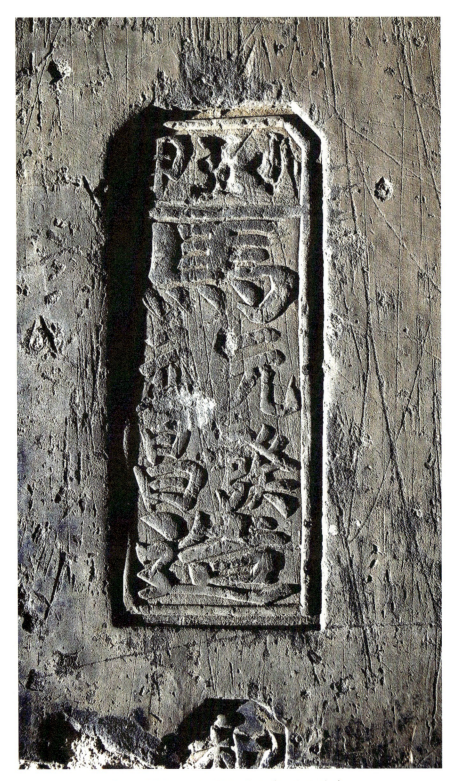

P1190625——小五甲，马元发、马元昌造

窑户（小甲）

P1210491——小五甲，马春芳、张万象造。双和

P1220761——小五甲，马春芳、张万象造

窑户（小甲）

平虎富豐——博习医院"金砖门诊楼"金砖铭文撷英

P1200499——小五甲，陆仁德、陆仁山造。和

P1220552——小五甲，陆仁德、陆仁山造。和

窑户(小甲)

P1210499——小五甲,范玉秀、范秀发造。和

窑户

小甲

P1220596——小五甲,范玉秀、范秀发造。和

P1220604——小五甲，马大奥、马桂亭造。和

P1220824——小五甲，马焕卿、马正卿造。八角"和"

P1220828——小五甲，马焕卿、马正卿造。八角"和"

P1220653——小六甲,张大林、钱锦和造。通

窑户（小甲）

P1190916——小六甲，张大林、钱锦和造。通

窑户

小甲

平压富华——博习医院「金砖门诊楼」金砖铭文撷英

P1190921——小六甲,徐德昌、沈仁方造。德记

P1220556——小六甲，徐德昌、沈仁方造。德记

P1190602——小六甲，王廷魁、郁贯文造。德记

P1190449——小六甲，王廷魁、郁贯文造

P1190603——小六甲,月文魁、古凤高造

P1200493——小六甲,月文魁、古凤高造

P1220579——小六甲,问洪发、张世清造

窑户（小甲）

博习医院『金砖门诊楼』金砖铭文撷英

P1210493——小□□,杜金寿造

P1220588——小六甲，月在红、古□廷造

P1220763——小六甲,张瑞福、张耕泉造。德记

P1220765——小六甲，张瑞福、张耕泉造。德记

大 甲

P1210546——大一甲,陈荣泉造

P1220485——大一甲，曹仁骏造

P1200489——大二甲，曹仁骏造

P1220643——大一甲，曹仁骏造

窑 户

大甲

P1190617——大二甲,王广盛造

P1200495——大二甲,王广盛造

P1190624——大二甲,陈吟香造

P1190464——大三甲,王保泰造

P1190591——大三甲，王保泰造

P1190919——大三甲，王保泰造

P1190926——大三甲，王保泰造

P1190955——大三甲,曹培基造

窑 户

大甲

齐鲁富华——博习医院"金砖门诊楼"金砖铭文撷英

P1190953——大三甲,曹培基造

P1190959——大三甲,曹培基造。培二方

P1200487——大三甲,曹培基造

窑户（大甲）

P1200481——大三甲，李柏生造

P1220511——大三甲,李栢生造

窑户（大甲）

博习医院「金砖门诊楼」金砖铭文撷英

P1220601——大三甲，李柏生造

P1200477——大六甲，李柏生造

P1220629——大三甲，李柏生造

P1190589——大六甲，李柏生造

99

P1220757——大三甲,陈麟麒造

P1190628——大四甲，陈麟麒造　　　P1200504——大四甲，陈麟麒造

P1190956——大四甲,袁绍岐造

P1190886——大四甲,袁绍岐造

P1200425——大四甲，袁文彬、袁亥泉造。文记

P1200525——大四甲,王德裕造(同治)

窑 户

大甲

P1190442——大四甲,王德裕造(同治)　　P1200503——大四甲,王德裕造(同治)

窑户（大甲）

P1190880——大五甲，袁福星造

窑户

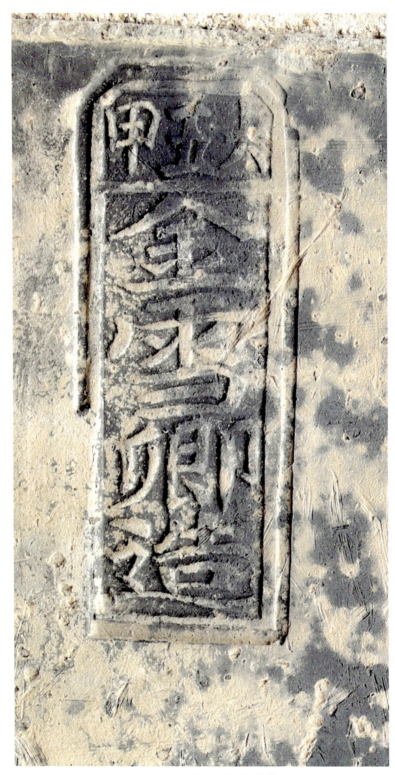

P1200502——大五甲，金雪卿造

P1200482——大五甲,金洪洲造(同治)

P1220671——大五甲,徐隆□造

P1220584——大六甲,吾士发造(同治)

首 甲

P1220640——首甲,徐厚堂造(同治)

P1190616——首甲，徐厚堂造(同治)

窑户

首甲

平府富些——博习医院"金砖门诊楼"金砖铭文撷英

P1210485——首甲,徐上达造

窑户（首甲）

P1190629——首甲，徐上达造　　P1200484——首甲，徐上达造

P1200527——首甲，徐上达造

P1220648——首甲，杨培基造

P1220644——大窑首甲,徐厚堂造(同治)

P1200483——大窑首甲,王保泰造

窑户（首甲）

P1220515——大窑首甲，王保泰造。通

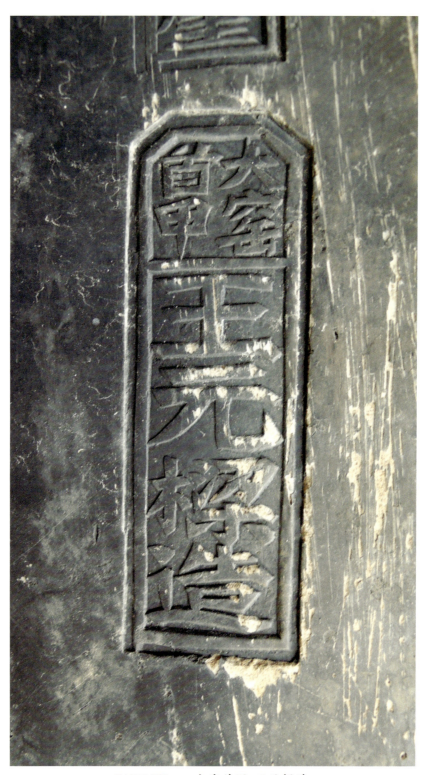

P1200497——大窑首甲,王元樑造

窑户（首甲）

P1190920——大窑首甲，王元樑造

P1200492——大窑首甲，王元樑造

P1200505——大窑首甲，王元樑造。泰

P1220531——大窑首甲，王元樑造。八角"通"

窑户

首甲

平鹿富生——博习医院"金砖门诊楼"金砖铭文撷英

P1220600——帮办首甲,王祖荫造

P1190613——帮办首甲,王祖荫造

P1210500——帮办金砖，王祖寿进呈

P1200423——帮办首甲，徐云泉、徐云峰造

P1220496——帮办首甲,王季良进呈

P1220586——徐隆兴有记窑

P1190444——隆兴官窑,帮办首甲,徐兰芬、徐守之造

P1220562——隆兴官窑,帮办首甲,徐兰芬、徐守之造

窑户

首甲

P1190445——承办金砖,王宇恩进呈

P1190638——承办金砖,王宇恩进呈　　P1190925——承办金砖,王宇恩进呈

P1200526——承办金砖，王佑泰进呈

P1200509——承办金砖,王佑泰进呈

P1190626——承办金砖,王佑泰进呈

P1190634——承办金砖,王佑泰进呈

P1220647——承办金砖,王佑泰进呈

P1190597——承办金砖,王继舫进呈

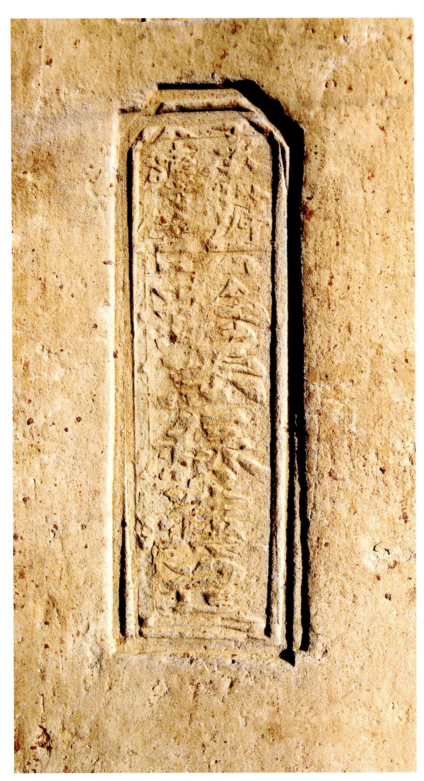

P1210548——承办金砖,王保泰进造

P1220494——承办金砖首甲，王保泰造

窑户（首甲）

平庸富里——博习医院「金砖门诊楼」金砖铭文撷英

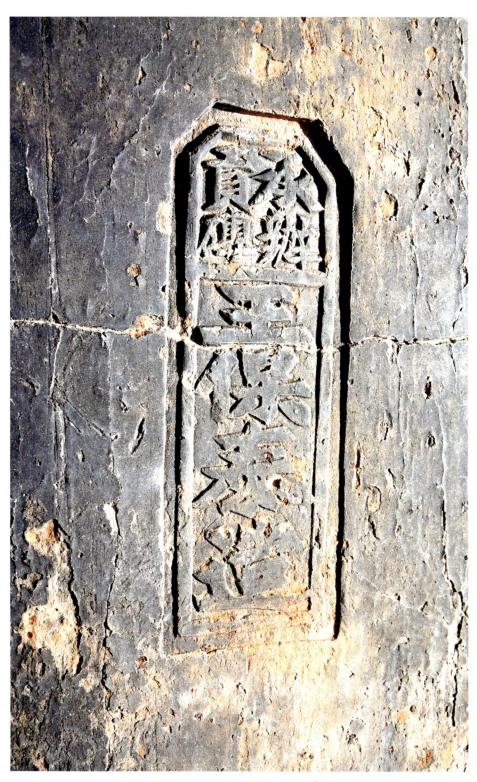

P1210537——承办贡砖，王保泰造

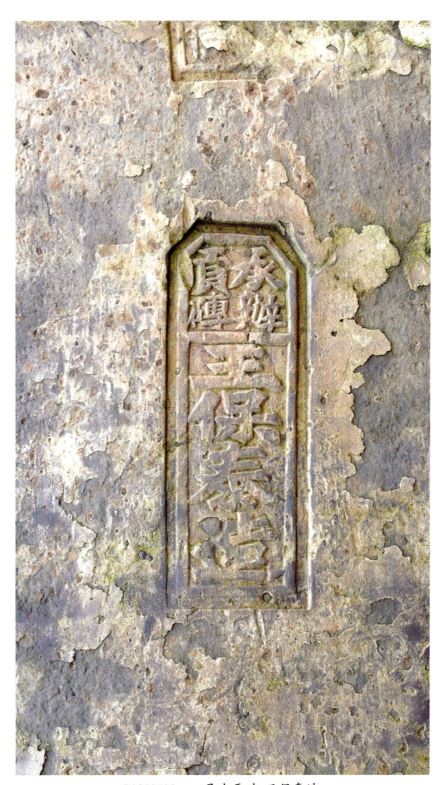

P1210609——承办贡砖,王保泰造

窑户（首甲）

博习医院"金砖门诊楼"金砖铭文撷英

P1220521——苏州仁和窑李守祖造

139

P1190988——苏州仁和窑李守祖造

P1200479——苏州仁和窑李守祖造

P1220521——苏州仁和窑李守祖造

P1190964——仁和官窑

P1220601——王通和窑造（隶书）

窑户（首甲）

博习医院"金砖门诊楼"金砖铭文撷英

P1190461——王通和窑造

P1190884——王通和窑造

P1200486——王通和窑造

143

P1220524——苏州齐门外陆墓镇南,仁和官窑李守祖监制

窑户（首甲）

斐庐富赀——博习医院『金砖门诊楼』金砖铭文撷英

P1190963——苏州齐门外陆墓镇南,仁和官窑李守祖监制

P1190980——苏州齐门外陆墓镇南,仁和官窑李守祖监制

窑户

首甲

平鲁富皇帝——博习医院『金砖门诊楼』金砖铭文撷英

P1190457——徐子卿窑

P1210488——姑苏齐门外陆墓镇,中桥下塘北首

P1220606——姑苏齐门外陆墓镇,中桥下塘北首　加工细泥料砖　徐子卿窑

P1220489——(彭)士发

P1220572——姑苏,徐□□

P1190448——德记

P1190462——德记

六、民国杂项

P1190882——专造细坭各省琴砖

P1190885——专造细坭各省琴砖

民国杂项

P1220581——三"和"印

P1220527——中华民国念四年成造

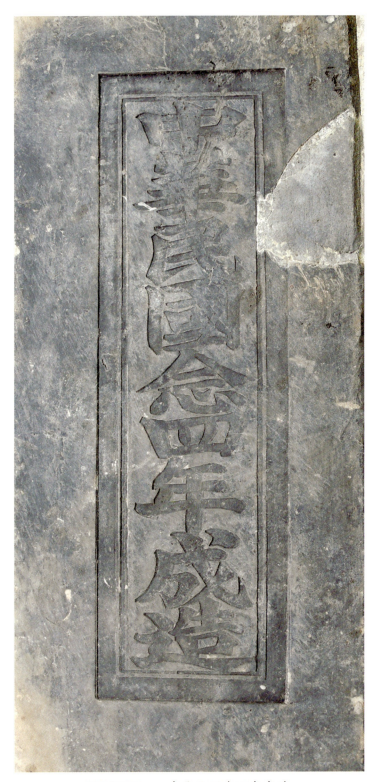

P1220623——中华民国念四年成造

P1190915——□股

民国杂项

零落富贵——博习医院「金砖门诊楼」金砖铭文撷英

P1220576——廿八日

P1220549——己未八月,己卯朔

P1220577——沈氏墓甕(wei)(篆书)

民国杂项

P1190966——加厚细料英呎念玖吋见方四吋厚紫砖

P1220523——加厚细料英呎念玖吋见方四吋厚紫砖

民国杂项

梨鹿富里——博习医院「金砖门诊楼」金砖铭文撷英

P1200480——大圆

P1190623——艮？

P1220518——良？艮？

P1200531——寒

161

P1200422——吴兴沈译……（篆书）

附录一

博习医院旧址开启神秘的石碑

蒋雷 文/图

博习医院"金砖门诊楼"(博习医院旧址),是苏州大学附属第一医院的前身。近期在楼宇的南角上开启了一块石碑,正南面铭文是:"博习医院 中华民国九年",西南侧面铭文是"SOOCHOW HOSPITAL 1920",题名"苏州医院"。

该"金砖门诊楼"是1919年由美国外科医生苏迈尔院长,利用来自监理会、洛克菲勒基金及地方捐助筹得银元二十万建造,1920年春完工的。博习医院是当时中国相当先进的一所西医医院。

2012年7月,我去医院南区可园的院史研究室王馨荣研究员的办公室,看见了一张"博习美女护士"老照片,她身后的墙壁上有一块具有神秘色彩的"博习医院 中华民国九年"石碑吸引了我的注意,我前去实地查勘,得到明确的石碑相关数据,证实了此碑的明确位置,并汇报医院相关人员,与市文保部门沟通交流。2013年12月19日,这块石碑由苏州文旅集团蒯祥古建公司在博习医院"金砖门诊楼"进行改造修缮之际得以开启,石碑终于重现昔日之风采。这是苏州大学附属第一医院130华诞之大喜,更是苏州天赐庄历史文化街区博习医院旧址新增的文化亮点物证。

原文写于2013年12月20日,修正于2016年11月23日

民国杂项

附录一 平庸富华——博习医院"金砖门诊楼"金砖铭文撷英

附录二

博习医院"金砖门诊楼"惊现"耶稣教 福音堂 1884"石碑

蒋 雷 文/图

博习医院"金砖门诊楼"由文旅集团古建公司负责改造。2013年10月在内部修缮过程中,发现门诊楼的北门楣之上有一块"耶稣教 福音堂 1884"的石碑。

"福音堂"石碑应是教会所有,为何不在教堂中,而是在博习医院"金砖门诊楼"北门的门楣之上?那块"福音堂"的石碑上标明年份为"1884",而如今的博习医院旧址是1919年由美国外科医生苏迈尔院长,利用来自监理会、洛克菲勒基金及地方捐助筹得基金二十万,将原来旧式平屋医院全部拆除,重新兴建的1幢3层半住院大楼和1幢2层门诊大楼,1920年春竣工,是当时中国相当先进的一所西医医院,被美国专家评价为"如此医院全中国仅三四处而已",距今只有97年的历史。这块石碑的年份1884距1919年相差35年,又是何年移到"金砖门诊楼"上的?目的是什么?为何被封存在石灰墙壁中95年无人知晓?

据记载,美国的基督教南方监理会自1848年开始向中国派遣传教士,传教区域为上海、苏州、常州、湖州一带。1850年戴乐由上海教会私自来苏。1859年美国监理会派蓝柏等三位传教士来华传道。到苏州后,因"风气未开",收效甚微而离去。1869年再次来苏,在天赐庄一带开展传教布道和行医工作,建立根基。教会又派蓝柏的长子蓝华德和潘慎文到苏辅佐蓝柏工作,经理十多年。

"耶稣教 福音堂 1884"

潘慎文于1881年购地建起教堂名"首堂",还有一幢牧师楼。1915年,监理会拆除了首堂,新建了一座建筑面积1855平方米,有800个座位的西式教堂,并为纪念卫理公会的创始人约翰·卫斯理而改名为"圣约翰堂"。圣约翰堂的设计者是美国人约翰·M.慕尔博士。与天赐庄圣约翰堂建筑风格一致、面积大小一样的教堂目前还有两座,一座在美国圣路易斯,一座在日本神户。圣约翰堂距今已有135年的历史。

蓝华德先开办诊所,于1882年同其妹婿柏乐文着手筹建博习医院。1883年4月破土动工安置基石,历时半年,于1883年11月8日开张。定名为"苏州博习医院",英文名"Soochow Hospital",性质为私立教会医院。

这块"耶稣教 福音堂 1884"的石碑,怎么会隐匿在博习医院"金砖门诊楼"之中仍是一个不解之谜。

分析1:耶稣教福音堂应属美国教会传教场所,潘慎文于1881年购地建起教堂名"首堂",还有一幢牧师楼,也就是圣约翰堂的前生,耶稣教福音堂可能是圣约翰堂的一部分,所以"耶稣教 福音堂 1884"的石碑可能是"耶稣教 福音堂 1881"。

分析2:此碑中"1884"的"84"字体与前两字"18"字体不同体形,属后附加上去的。

分析3:蓝华德先开办诊所,于1883年11月8日同其妹婿柏乐文建博习医院,在医院中设立了耶稣教福音堂,用于医护员工举行仪式,并将石碑移入"金砖门诊楼"的北门眉上方留存,所以此石碑可能是"耶稣教 福音堂 1883"。

此文初稿写于2013年11月,院庆130年征文。2016年10月16日重新修改

附录三

清朝乾隆、同治、光绪、宣统监督官员与窑户对照表

表 1

乾隆（表一）

- 督造官：孔传炯　刘愃　黄鹤鸣　邵大业　李廷敬
- 　　　　觉罗雅尔哈善　胡世铨　李永书　郑时庆　赵酉
- 监造官：樊廷诏　萧应辉　张允毅　饶树　卢师武
- 　　　　朱希哲　覃可纪　丁士苹　甯基丕　任锺岠
- 窑　户：金斯美　袁晓功　沈士革　杨顺卿　曹明山
- 　　　　周济美　王徐朋　蒋德培　汤公辅　俞鸣山
- 　　　　陈嘉德　□国良　赵宗维　曹文山　朱永年　赵戴升
- 　　　　朱御天　杨朱朋　徐念在　徐嘉玉　艾启芳　陈殿扬

乾隆（表二）

- 窑　户：张銮堂　李用章　莫李朋　宋贵砚
- 　　　　张□如　陈元亮　陆晋臣　陈德高　许丰盛　赵兴观
- 　　　　陈德招　张千□　庄曹朋　金明章　顾庄朋　章子成
- 　　　　汤燦文　吴明杨　曹南发　艾万顺　陈廷杨　俞圣阶　袁绍兴
- 　　　　宋仲文　吴来朋　张天如　叶廷宗　陈瑞生　　　　曹瑞芳

乾隆（表三）

- 窑　户：李柏生　袁御天　许洪如　赵振玉　徐汉臣　徐兰芬
- 　　　　曹天成　徐叔英　曹洪乡　田君发　沈祥发　徐长发
- 　　　　艾文元　袁洪德　王广盛　俞思泉　胡茂林　张葛朋
- 　　　　徐子卿　　　　袁文玉　□洪德　曹三朋　俞文玉　葛瑞荣
- 　　　　陈□朋　张王朋

同治

- 督造官：李铭皖　蒯德模
- 监造官：曹亭山　朱鑾　于健　蒯德模
- 　　　　　　　　鲍大年　袁春霖　陈尚贤　査有耕
- 窑　户：吾士发　韩景春　徐康吉　金凤翔　袁凤山
- 　　　　陈稼园　徐厚堂　袁尚林　曹谨甫　金邦佐　金渭洲
- 　　　　袁翔□　　　　金凤山　　　　王德□　曹士铨　王国昌

167

表2

表2-1（光绪）

督造官	监造官	窑户		
魁元 许祐身 谭钧培	杨锡麈 戴尔恒 姚定信 贾延晖 陈涟	徐子卿 陈□香 袁有题 王馥堂 朴世昌 曹圣加 金湘舟	徐介堂 戈明德 十九稼 杨培基 沈兰田	金鹤山 徐卿亭 徐揆卿

表2-2（光绪）

窑户
倪德香 陈凤山 吾士发 周学秀 秦鹤汀 袁保元
王子英 周阿三 陈金宝 徐兆方 周焕章 曹寿田
张耀甫 沈兰玉 宋虎观 杨文明 唐永乾 张鹤皋
胡益□ □德昌 顾阿土 马洪昇 姚金和 吴培兴
唐元良 □汉庆 王春山 张一庭 胡寿生 曹永高
陈善兴 杨惠中

表2-3（光绪）

窑户				
吴馥兴 杨士其 陈肇源	马元发 袁小弟 陈善兴 彭士发 陈肇源 朱□山	袁武公 徐玉高 徐万荣 王云樵 陈肇元 鲍惠文	朱秋山 曹□道 马元龙 袁绍岐 徐明山 袁敦载	王声玉 唐金龙 葛进高

表2-4（宣统）

督造官	监造官	窑户		
何刚德	戴尔恒 姚定信	徐上达 王通和 王佑泰 唐培基 张绍岐	金鹤山 王继舫 俞锡卿 李守祖 王宇恩 李胜高	袁福星 王祖寿 戈宪章 王季良 袁福□ 陈沈朋
		陆铭善 曹寿堂 许文奎 徐兰芬 徐守之		

选自苏州御窑金砖博物馆展示厅部分展板

附录四

博习医院"金砖门诊楼"监督官员资料

来源于地方馆《清代官员履历档案全编》三十集和《申报》选片

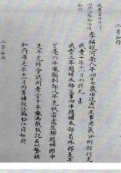

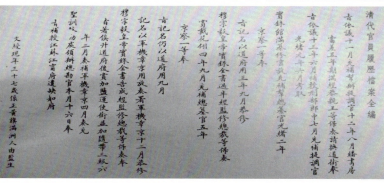

以上资料由政协文史委秘书处处长夏冰和苏州日报社施晓平审核提供

附录五

陆慕镇窑址分布图

蒋雷手绘于 2016 年 12 月 3 日

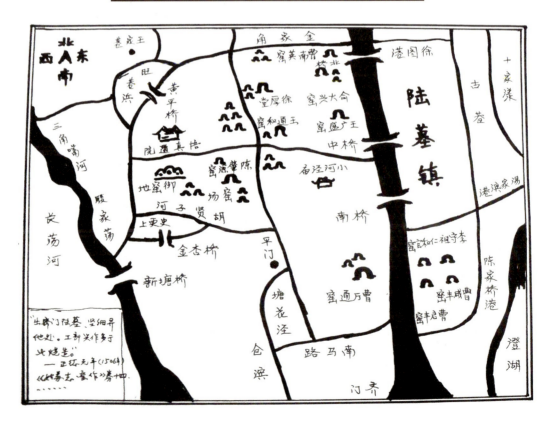

附录六

博习医院"金砖门诊楼"金砖铭文收录《御窑金砖》一书

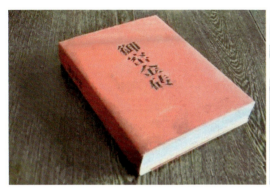

本书作者蒋雷和《御窑金砖》作者周震麟先生合影

民国杂项

附录七

博习"金砖门诊楼"的前世今生

王馨荣

在苏州天赐庄的建筑群落中,位于十梓街东首北侧的博习医院"金砖门诊楼",在人们的视野里不算十分高大,也不十分显眼,但在天赐庄所有建筑中,昔日里,唯有它和医院的病房楼与人们的生与死密切相连,当年人头攒动、寻医问药的繁忙景象不见了,一座治病救人的医学圣堂,渐渐在人们视野里悄然消失……

在现代快节奏的气息下,川流不息的人群,络绎不绝的学子,从它的身旁匆匆而过,若不是一块文物保护单位"博习医院旧址"的石碑竖立在那儿,年轻人也许不知道这幢楼房的来龙去脉。是的,耄耋之年的博习医院"金砖门诊楼"显得有些苍老和落寞。然而,当你面对身着数万块"金砖装"的博习医院门诊楼,略作历史回眸之时,它的前世今生就有了许多耐人寻味的咀嚼之处……

历经十八载筹款　规划和重建新院

博习医院自1883年11月8日正式开诊以来,在柏乐文、蓝华德两名美籍医生的主持和数位国人的襄助下,经过十八年的发展,博习医院适合当时之需,注意科学治疗,医术精进,深入民心,渐而声誉鹊起,是当时最完美的教会医院。随着病人的络绎不绝,医疗用房严重短缺,对扩大医疗用房的需求就愈显得迫在眉睫。

《博习医院成绩记》中就有这样的记录:"近年来,就诊人数日增,欲往医院看治者颇患人满,病房无一空者,亦有卧地板上者,并有卧地板亦不得而谢去者,日有数起,故敝院房屋之加以扩充,殊属刻不容缓。"自1901年起,博习医院就开始酝酿重建新病房楼和新门诊楼。

1919年,时任博习医院美籍院长的苏迈尔在《博习医院报告书》中写道:现已筹集到"美国总会八万元,罗氏驻华医社五万元",医院"现有款二万元,其余五万二千元拟从中国劝募。想苏城人士渴望新院已久,自必乐于捐输不难",因此,重建新院"如愿可偿也"。在社会各界人士的支持和努力下,美籍院长苏迈尔终于筹得新建新院款银元二十余万。从1901年开始商讨扩充医院到1919年募集新建医院款项,博习医院历经了十八年的时间,可见其酝酿之长久、筹款之不易。为了建造新院,博习医院将病人全部迁在对面园中暂住,旧屋全部拆除重建新房,新病房大楼与门诊楼交付上海G.F.ASHLEY建筑公司建造设计。

现代化的新院落成　蕴含西方科技文明

经过两年建设,1920年7月,造价二十五万银元、设计床位100张的博习医院新住院大楼和门诊大楼的落成,不仅给人以耳目一新,而且带来了西方科技文明,室内有热水汀、冷热水管、电灯、电话等设施。病房大楼和门诊楼之间,由覆盖着琉璃瓦的走廊相连接,以便病人雨天行走、暑天遮阳。

最为值得称道的是门诊楼,它坐北朝南,位于今十梓街东端的北侧之首,是一幢钢筋混凝土结构的二层建筑。建筑风格堪称中西合璧,外形为殿宇式,一、二层之间筑有复檐,屋顶为歇山顶式,复檐、屋顶均有琉璃瓦覆盖,门诊楼的正脊中央为砖雕的"博习医院"院牌。一楼为各科诊疗室和办公室,二楼为职工宿舍,屋顶作贮藏室。门诊楼的外墙全部用数万块皇家金砖砌就,是苏州坊间一幢独一无二的金砖楼。

在1933年的《苏州博习医院五十周年纪念册》中,编撰者颇为得意地记载着:"本院门诊室悉用北平建筑皇宫之金砖造成,当时制造是砖之窑适在苏城之外,本院于废清时将其所余旧砖悉数购得。须知,此砖于民国前实无法可得之者也,明矣。"据悉,除北京明清皇宫外,民间整幢金砖楼在国内实属罕见。

万余"金砖"砌墙 蕴含多元文化

苏州博习医院旧址常常令笔者驻足良久。块块墙砖,虽经百年岁月风雨,至今仍然是那样方正、细腻、坚硬。方方金砖;虽经百年沧桑巨变,铭文依旧清晰可辨。

其一,从烧制年代看,门诊楼的一、二层的金砖,多数为光绪、宣统年间所造,三楼亦有少量的金砖是中华民国时期的,如铭文"中华民国念四年成造",这里的"念"是苏州方言,用苏州话说是"二十",也就是民国二十四年(1935)成造,这是因为1936年3月22日,门诊楼遭遇了一场大火,顶层被烧毁,同年6月重新翻建,故有此砖。

其二,从金砖大小尺寸来看,多数为二尺见方和二尺二寸见方,按照惯例,"二尺二寸见方"的金砖基本上用于铺地,此处用于砌墙,在国内可以说是第一次发现。也有一尺七寸见方的金砖,更有英制的"英寸念玖寸见方四寸厚"。

其三,从金砖官窑的分布来看,除了齐门外陆慕镇外,还有吴兴(湖州古称——笔者注)沈泽等地。偶有发现金砖为隆兴官窑成造的,隆兴也,宋孝宗赵眘年号(1163—1164)。

其四,块块金砖的铭文,不仅显示了烧造金砖的区域分布,还展示了制砖的道道工艺以及姓氏文化、官吏规制、户籍制度、民间书法和篆刻艺术等多元文化信息和元素。如一块金砖上有铭文:"督造官江南苏州知府何刚德,监造官苏州府知事戴尔恒、照磨姚定信,宣统二年成造细料二尺见方金砖,承办王祖寿进呈,大二甲王广盛造",其中"照磨"就是一个人们不太熟知的官职。

明清两代,苏州陆慕专为皇家制造金砖的御窑在全国素有盛名。所谓金砖,其实并非真正意义上的金砖,而是指一种特大细料方砖,颗粒细腻,质地密实,叩之有声;因专供北京皇家使用,初称为京砖,后就被讹传为金砖。由于是皇家的专用建筑材料,民间无人胆敢用金砖铺地造房,因而金砖散落在民间的甚少。清王朝灭亡,洋人传教士又有特权。1919年,博习医院创始人、美籍医生柏乐文和时任院长的美籍医生苏迈尔,花钱购买了这批物美价廉的废弃次品金砖,在拆除旧病房翻建新门诊楼时,恰到好处地派上了大用场。

1936年初春一把火 门诊楼大屋顶被焚

1920年,新院建成后,博习医院更趋正规化、专业化。1926年8月,美国外科专门医学院派员来院审定,"视(建筑)、(人才)、(仪器)三项之设备完全",认为苏州博习医院为合格之医院,且谓"如此医院全国仅三四处而已"。

新院建成及医院不断兴旺向前发展,美籍院长苏迈尔功不可没。苏迈尔(1880—1936),医学博士,美国外科医生。1909年,受美国监理公会总会委派来博习医院工作,并任外科主任。他分别于1917年至1922年、1924年至1927年、1932年至1936年担任博习医院院长。正如和他的前任院长柏乐文医生一样,苏迈尔医生把自己一生的事业都贡献给了苏州人民,也正如史料所记载:"博习医院得有今日,柏医生树立其基,而苦心经营者,苏医生也。"

俗话说:"天有不测风云,人有旦夕祸福。"1936年3月,对博习医院来说是不幸的3月。3月2日,美籍院长、外科主任苏迈尔积劳成疾,不幸病故,这让博习医院和美国卫理公会经受了一个不可挽回的损失。博习医院同仁刚刚为美籍院长苏迈尔在葑门外安乐园举行葬礼不久,心头的伤痛还没有完全挥去,3月22日晚6时,"金砖门诊楼"顶屋贮藏室的一把大火,使殿宇式的大屋顶被焚,损失惨重,给博习医院员工们心里又蒙上了一丝阴影。

翻开当年3月份的《苏州明报》,一月之中,为了上述两项事宜,报纸刊登博习医院的讣告、董事会启事、紧要启事、鸣谢的广告达11次,频率之高,实属罕见。在这"不幸的3月期间",博习医院董事会,为了稳定员工的人心、开展正常的对外诊疗工作,颇费了一番心思。

其一,发讣告,登启事,推举继任院长。

1936年3月3日、4日,博习医院在《苏州明报》刊登讣告:"本院院长苏迈尔医师于三月二日午时在本院病故,兹定三日上午八时至下午六时任客凭吊俾瞻遗容,四日上午十一时在葑门外安乐园举行丧事礼拜。特此报闻。"时隔15天后,3月20日—29日,《苏州明报》刊登了博习医院董事会启事:"敝院故院长苏迈尔医士积劳逝世,甚堪惋惜。兹有敝会同人推举常州武进医院外科主任赵乐门医士继任院长。赵氏医术精妙,前次苏医士例假返美时曾来敝院当代理院长,兹为促进院务起见,同时又添请米艾迪医生到院襄办医务。米氏亦西医妙手成绩素著。二公均已到院视事矣。"

其二,处惊不变,正常应诊,紧要启事、鸣谢同发。

就在博习医院院长更迭的期间,3月22日晚6时,"金砖门诊楼"顶屋贮藏室失火,大屋顶被焚。对于这场大火,不知何故,苏州的新闻媒体未做任何报道,博习医院也是低调处理,分别在3月23日、24日、25日的《苏州明报》上刊登紧要启事和鸣谢了事。

紧要启事称:"本院栈房于22日晚6时突告失慎,病房及门诊室幸未央及内外院,均正常应诊,特此登报通告。博习医院谨启。"而鸣谢则云:"昨日敝院栈房失慎,当蒙各区龙社奋力施救,不久即告倾灭,门诊室等未殃及,得以保全,殊为感佩,特登报伸谢。博习医院谨启。"

报章刊登的紧要启事和鸣谢的字里行间,不着一个"火"字,言简意赅之中,却蕴含着博习医院临危不乱、处惊不变的态势;文白相间的关键词,既隐晦又妥帖且精准,足见教会医院秉笔之人的行文功力之深厚老道。例如:失慎,古代称失火;又如:伸谢,表示歉意;再如:龙社,苏州历史上民间的消防组织称为龙社,又名水龙会、水龙救火社和水龙公所。如果今人没有文言文功底和历史小知识,也许就读不懂失火的紧要启事和灭火的鸣谢。

对于博习医院这场大火,虽然苏州新闻媒体集体沉默,但有一家杂志却做了详尽报道。在1936年第四卷《新医药》第360页上《各地零讯》栏目里,笔者读到了一则关于博习医院失火简讯。其文如下:"苏州讯:天赐庄博习医院建筑伟大,素为吾人所称道。该院正面为宫殿式,高三层。最上层为储藏药品之所。前(二十一日)晚六时二十五分,电线走电起火。面积三十六间之三楼全付一炬,二楼职员宿舍亦略遭波及。最下之门诊室则未殃及,而其内进病房则因隔离关系及扑救迅速,未受惊恐。但被毁之储药所,连建筑统计,损失不下二万金矣。"

重新翻建光彩照人　历经沧桑功能变更

1936年3月22日的一场大火,医术精妙的苏迈尔院长的逝世,对博习医院和基督教监理公会来说,可谓是承受了不可弥补的损失。但是,在继任院长赵乐门的领导下,博习医院一切医务工作依旧有条不紊,清理大火焚烧的残骸之后,及时委托本基督教监理公会的信徒——土木工程学士江应麟领衔的无锡实业建筑事务所,进行现场勘察,并对门诊楼实施重新翻建工程。是年6月,由江应麟领衔的无锡实业建筑事务所,依据博习医院住院部西式病房大楼建筑风格,取消了门诊楼原有的中式大屋顶的屋面设计,将门诊楼重新翻建成为三层平顶西式房屋,共计45间,建筑面积为1214平方公尺,三楼外墙面仍用皇家金砖砌就,平顶四周砌半镂空的女儿墙作围护。重新翻建一新的博习医院门诊楼,光彩照人。

随着政局变动,博习医院金砖门诊楼,历经了抗日战争、解放战争、新中国成立等风云变幻。1954年,随着来院就诊病人日益倍增,博习医院"金砖门诊楼"的就诊场地就愈发显得狭小。是年4月28日,经江苏省文化教育委员会批准,博习医院在门诊楼的两翼各添建二层共945平方米的房屋,耗资10亿元(当时旧人民币)。在扩建"金砖门诊楼"的过程中,苏州市建筑工程局在设计时注重原有建筑风格,力尽使其融和一体。

随着岁月变迁,博习医院"金砖门诊楼"的功能与结构亦发生变化。1962年,位于十梓街严衙前48号的医院新门诊楼落成启用,原博习医院门诊楼,改为医院职工宿舍;随着医院病房搬迁至十梓街严衙前48号,原博习医院病房楼改为医院附属卫生学校教学楼。自此,博习医院完成其历史使命,其门诊和住院医疗用房的功能也发生了彻底的变更。

2000年4月,苏州医学院并入苏州大学;2000年7月11日,苏州医学附属第一医院更名为苏州大学附属第一医院;2007年1月17日,经校、院签订房地产交换协议书,原博习医院旧址划入苏州大学。之后,苏州大学成人教育学院等多个二级学院在其内办公、教学。

博习医院,虽然在人们的视野中消逝了,但是博习医院的德术双馨,如同"金砖门诊楼"一样精良,在黎民百姓中口碑甚佳,时至今日,她对于苏州卫生事业发展和影响仍为人们津津乐道。

博习医院旧址立碑控保　"金砖门诊楼"涅槃新生

博习医院,不仅是苏州历史上第一个正规化、专业化、综合性的西医医院,而且见证了百年来西方医学在中国发展和演变的历程,它独特的建筑形制和医学人文,引起了有识之士的高度关注,也引起了苏州市人大、政协、政府部门高度重视。人大、政协代表和专家们多次呼吁应予修复和保护,通过修复保护,可以使博习医院建筑与周边圣约翰教堂、牧师楼、景海女子师范学校旧址建筑、苏州大学的前身——东吴大学建筑珠联璧合,交相辉映,构成苏州蔚为壮观的近代西洋建筑群落。鉴于此,苏州市人民政府2004年12月公布,2005年9月立碑,将博习医院旧址列入为市级文物保护单位。

随着历史而变化更替的是名字和建筑,不变不散的,则是从古老的博习医院时代就存在、蕴蓄着的一种氛围,那就是它注重钻研现代医疗技术,对病人不分贵贱、一视同仁的杏林精神。而承袭博习医院,具有百余年历史的苏州大学附属第一医院,更是享誉杏林、驰名医坛。

历史就是今天与昨天的对话。博习创新,厚德厚生的院训,既是薪火相传,又是启迪绵延。

后 记

蒋 雷

本书书名"平安富贵"选自书中金砖铭文吉祥语,寓意博习医院救死扶伤的平安之所,金砖历史文化财富珍贵而无价。苏州大学附属第一医院前身天赐庄博习医院的历史与陆慕御窑金砖的历史有着不可分隔之缘。以史书的形式传承博习历史文化,以博习医院"金砖门诊楼"金砖铭文对陆慕"御窑"金砖文化的研究有促进和补充作用。

金砖对于我们百姓来说是一个陌生的词语。博习医院"金砖门诊楼"过去是医院的职工宿舍,我进进出出几十年,已经习以为常。三十年后,我才如梦初醒,对博习医院"金砖门诊楼"有了新的认知。

那是 2012 年 7 月,我去医院南区可园的院史研究室王馨荣研究员的办公室,一张"博习美女护士"的老照片吸引了我的注意,她身后有一块"博习医院 中华民国九年"的石碑,背景是十梓街 3 号博习医院旧址"金砖门诊楼"。我实地查勘石碑时(见附录一 博习医院旧址开启神秘的石碑),又不经意发现博习门诊楼墙壁上的砖块上有各种不同的文字印迹。我是一个印人,对古文字略知一二,知道那是金砖铭文。

天赐庄历史文化街区 2012 年 9 月曾进行过动迁搬家,博习门诊楼里驻扎着拆迁办,我利用中午时间,隔三岔五地去博习医院门诊楼,对一层南北面和三层阳台东西面及各层门、窗两侧的墙面金砖铭文拍摄照片,一期收集整理图片 119 张。《姑苏晚报》2013.9.23 记者李龙兴一文《苏大西门处唯一"金砖楼"准备进行修缮"整容"》报道,2013 年 9 月,苏州文旅集团蒯祥古建进场,对博习医院"金砖门诊楼"进行内外部全面修缮,并搭建起了脚手架。在这期间,我又对该楼的二、三层南北面墙面金砖铭文反复多次全方位地拍摄,白天拍照片,晚上在电脑中编辑整理归类,二期收集整理图片 161 张。2013 年 10 月,蒯祥古建公司在内部修缮过程中,发现门诊楼的北门槛之上有块"耶稣教 福音堂 1884"的石碑,古建唐工程师让我前去拍摄,又是一大惊喜!(见附录二 博习医院"金砖门诊楼"惊现"耶稣教 福音堂 1884"石碑)。

2014 年 2 月,苏州文旅集团蒯祥古建竣工离场。我忙碌了近两年的时光,满心欢喜,潜心在家中游弋于金砖铭文的海洋,问砖访古,其乐无穷。是金子总会有发光之日,五年的辛劳终于结成硕果。

在此感谢苏州大学附属第一医院侯建全院长、陈赞书记和党办黄恺文主任的鼎力支持,感谢苏州大学华人德教授和苏州市书协王伟林主席赐予墨宝,感谢苏州御窑金砖有限公司、金砖明清历史文化研究室的周震麟(苏舟子)老师和苏州御窑金砖博物馆沈泉男馆长,感谢政协苏州市委员会文史委员会秘书处处长夏冰和苏州日报社施晓平老师,感谢老友于健老师和王馨荣研究员,感谢著名设计师周晨老师帮助设计封面。书稿的正式出版,离不开你们的鼓励、支持和帮助。能够有幸发掘和展示这段史料,我感觉非常快乐,祝大家一生平安富贵!

2016 年 11 月 28 日写于姑香苑一得楼